📖 주제

· 용기   · 자신감   · 도전   · 의지

📖 활용 학년 및 교과 연계

초등 과정	1-1 통합	1. 학교에 가면
	1-2 국어	4. 자신있게 말해요
	2-1 통합	봄2 > 1. 알쏭달쏭 나
	3학년 도덕	1. 나와 너, 우리 함께
	4학년 도덕	3. 아름다운 사람이 되는 길
	4-2 사회	4. 가족의 형태와 역할 변화
	5-1 사회	2. 인권 존중과 정의로운 사회
	5학년 도덕	5. 갈등을 해결하는 지혜
	6-1 과학	1. 과학자처럼 탐구해 볼까요?

초등 첫 인문철학왕 05
겁나게 겁이 난다면?

글쓴이 최은순 | **그린이** 나일영 | **해설** 이영주
기획편집 이정희 | **편집** 김민애 박주원
디자인 문지현 김수인 | **생각 실험 디자인** 이유리

펴낸이 이경민 | **펴낸곳** ㈜동아엠앤비
출판등록 2014년 3월 28일(제25100-2014-000025호)
주소 (03972) 서울특별시 마포구 월드컵북로22길 21, 2층
전화 (편집) 02-392-6901 (마케팅) 02-392-6900 | **팩스** 02-392-6902
홈페이지 www.moongchibooks.com | Ch 뭉치북스 Instagram 뭉치북스

※ 잘못된 책은 구입한 곳에서 바꿔 드립니다.
※ 이 책에 실린 사진은 셔터스톡, 위키피디아, 게티이미지뱅크(코리아)에서 제공받았습니다. 그 밖의 제공처는 별도 표기했습니다.

도서출판 뭉치는 ㈜동아엠앤비의 어린이 출판 브랜드로, 아이들의 지식을 단단하게 만들어 주고,
아이들의 창의력과 사고력을 키워 주어 우리 자녀들이 융합형 사고뭉치와 창의뭉치로
성장할 수 있도록 좋은 책을 만들겠습니다.

'질문'의 힘! '생각'의 힘!
'미래 인재'로 가는 힘!

어린이와 학부모님들께 《초등 첫 인문철학왕》을 추천할 수 있어서 매우 기쁩니다. 어린이들이 이 시리즈를 통해 '나'에 대해, 나와 공동체 사이의 소통에 대해, 세상의 이치와 진리에 대해 마음껏 질문하고 생각하기를 바라기 때문입니다. 그렇게 되면 창의적으로 문제를 해결하는 힘 또한 커질 수 있다고 믿기 때문이지요.

'제4차 산업혁명의 시대'라는 말처럼 우리는 모든 것이 혁신적으로 변화하는 시대에 살고 있습니다. 스마트폰, 인공 지능, 첨단 로봇 등 새로운 기술과 지식이 나오는 속도도 이전과 비교할 수 없을 정도로 빨라졌지요. 세상에 넘쳐나는 지식과 정보는 이제 누구나 쉽게 구할 수 있고, 개인의 두뇌에 담아낼 수 있는 용량을 넘어선 지 오래입니다. 결국 이 시대의 아이들에게 필요한 것은 지식보다는 그 지식을 다루는 지혜와 창의성 아닐까요?

7차 교육과정 개정 이후 학교 교육도 이러한 시대 흐름에 맞추어 미래 사회가 요구하는 인문학적 상상력과 과학기술 창조력을 두루 갖춘 창의융합형 인재를 양성하는 것을 목표로 합니다.

'철학'은 '지혜를 사랑하는'이란 뜻을 가진 말입니다. 이 학문은 여러분처럼 모든 것에 호기심 많았던 철학자들로부터 시작됩니다. 아주 오래전부터 인간, 사회, 자연, 우주, 진리 등 다양한 분야에서 다른 사람들보다 더 깊이, 더 많이, 그리고 아주 끈질기게 했던 수많은 질문과 탐구를 하며 만들어졌습니다.

마치 높은 곳에 올라가면 마을 전체를 내려다볼 수 있는 넓은 시야를 얻게 되듯이, 철학을 한다는 것은 하나의 문제를 더 큰 눈으로 볼 수 있게 되는 것이랍니다. 그러면 어떤 점이 좋을까요? 더 넓게 보는 눈, 더 깊이 있게 보는 눈, 다른 사람들이 생각하지 못한 부분들을 상상하고 찾아낼 수 있는 눈이 생깁니다. 또 우리 앞의 문제들을 자신만의 창의적인 방법으로 해결할 수도 있고, 그 문제를 해결하다가 다른 더 큰 문제를 발견하여 미리 처리할 수도 있습니다.

《초등 첫 인문철학왕》은 바로 그러한 생각의 눈을 아주 활짝 열어 줄 것입니다. 주제와 관련된 재미있는 동화, 이와 연결된 깊이 있는 인문 해설과 철학 특강, 창의·탐구 활동 등으로 구성된 시리즈는 아이들이 세상에 넘쳐 나는 지식을 지혜롭게 다루는 힘을 길러서, 문제해결력을 갖춘 창의적 인재로 성장할 수 있게 해 줄 것입니다.

그러니 이 책을 읽으며 여러 분야에서 떠오르는 호기심과 질문들을 혼자만 가지고 있지 말고 친구, 가족과도 나누어 보시길 바랍니다. 모두가 질문하고 생각하는 힘이 생긴다면, 어려운 문제들을 함께 해결해 나가는 공동체를 만들 수 있겠지요?

이 책을 읽는 여러분들 모두, 그런 멋진 공동체를 하나둘 만들어 나가는 지혜로운 미래 인재가 되기를 기대합니다.

이지애 드림
(이화여대 철학과 부교수, 한국 철학교육 학회 회장)

초등 첫 인문철학왕
이렇게 활용하세요!

생각 실험

생각 실험은 어떤 사실을 알기 위해 여러 가지 실험과 사례를 연구하는 것이에요. 철학이나 자연 과학 분야 등에서 널리 사용되는 방법이에요. 권마다 주제에 관련된 실험, 유명한 인물의 사례 등을 읽으며 상상력과 문제 해결력을 키워 보세요.

만화 & 동화

40권의 인문 철학 주제별로 아이들의 생활 세계 속 이야기, 패러디 동화 등이 다양하게 펼쳐져요. 처음과 중간은 만화, 본문은 그림 동화로 되어 있어서, 재미난 이야기에 푹 빠질 수 있어요.

인문철학왕되기

오랫동안 어린이들과 함께 철학 수업을 연구하고 진행해 온 한국 철학교육연구원 소속 교수와 연구진들이 집필했어요.

소쌤의 철학 특강, 인문 특강, 창의 특강으로 구성되었어요. 주제와 이야기 안에 숨겨진 철학적 문제들에 대해 함께 답을 찾아갈 수 있도록 깊이 있는 토론과 특강, 그리고 재미있는 활동으로 구성되었어요.

난 질문하는 **소크라테스**! 문제를 해결할 수 있도록 도와주지!

난 **뭉치**. 같이 생각하고 토론하지!

난 늘 창의적인 **새롬**이!

난 생각이 깊은 **지혜**!

교과 연계

각 권마다 최신 개정 교과서 단원과 연계되어 교과 학습에 도움이 되도록 구성되었어요. 권별로 확인하세요.

이 책의 차례

추천사 ··· 4

구성과 활용 ·· 6

생각 실험 용기로 총알을 막아 낸 소녀가 있다고? ········ 10

만화 용기란 무엇일까? ································ 20

씩씩한 서희와 겁쟁이 서진이 ············ 22
- **인문철학왕되기1** 어떤 게 용기 있는 행동일까?
- **소쌤의 인문 특강** 솔로몬 애쉬의 동조 실험

전학 온 아이 ································ 40
- **인문철학왕되기2** 두려움은 왜 생길까?
- **소쌤의 철학 특강** 철학자들이 말하는 용기란?

| 만화 | 용기 낸 경험을 말해 보아요! ……………………… 56

서진이의 잘못된 용기 ……………………………… 64
- 인문철학왕되기3 용기는 어떻게 북돋을 수 있을까?
- 소쌤의 인문 특강 인종 차별에 맞선 로자 파크스의 용기

서진이의 또 다른 용기 ……………………………… 86
- 인문철학왕되기4 만일 나라면?
- 창의활동 용기 있는 역사 속 인물 소개하기

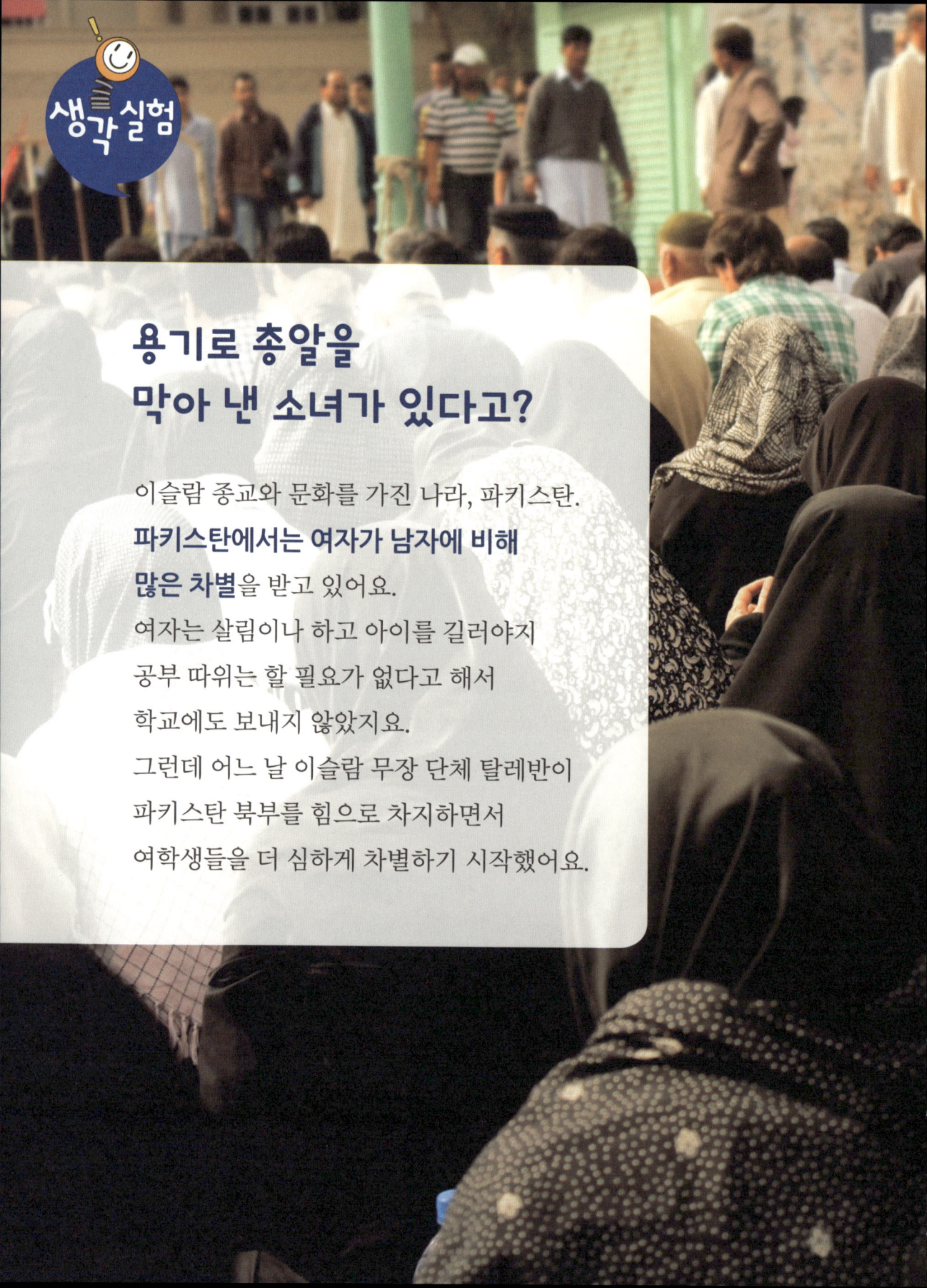

생각실험

용기로 총알을 막아 낸 소녀가 있다고?

이슬람 종교와 문화를 가진 나라, 파키스탄. **파키스탄에서는 여자가 남자에 비해 많은 차별**을 받고 있어요.
여자는 살림이나 하고 아이를 길러야지 공부 따위는 할 필요가 없다고 해서 학교에도 보내지 않았지요.
그런데 어느 날 이슬람 무장 단체 탈레반이 파키스탄 북부를 힘으로 차지하면서 여학생들을 더 심하게 차별하기 시작했어요.

탈레반은 말랄라가 사는 마을을
차지하고서 여자들이 학교에 가면 총을 쏘겠다고
위협했어요. 학교에 다니지 못하게 하려고
학교를 부수기까지 했지요.

2009년 말랄라는 '굴 마카이'라는 이름으로
탈레반이 저지른 여학교 파괴 활동을 세상에 알렸어요.
그때 말랄라는 겨우 열한 살이었어요.

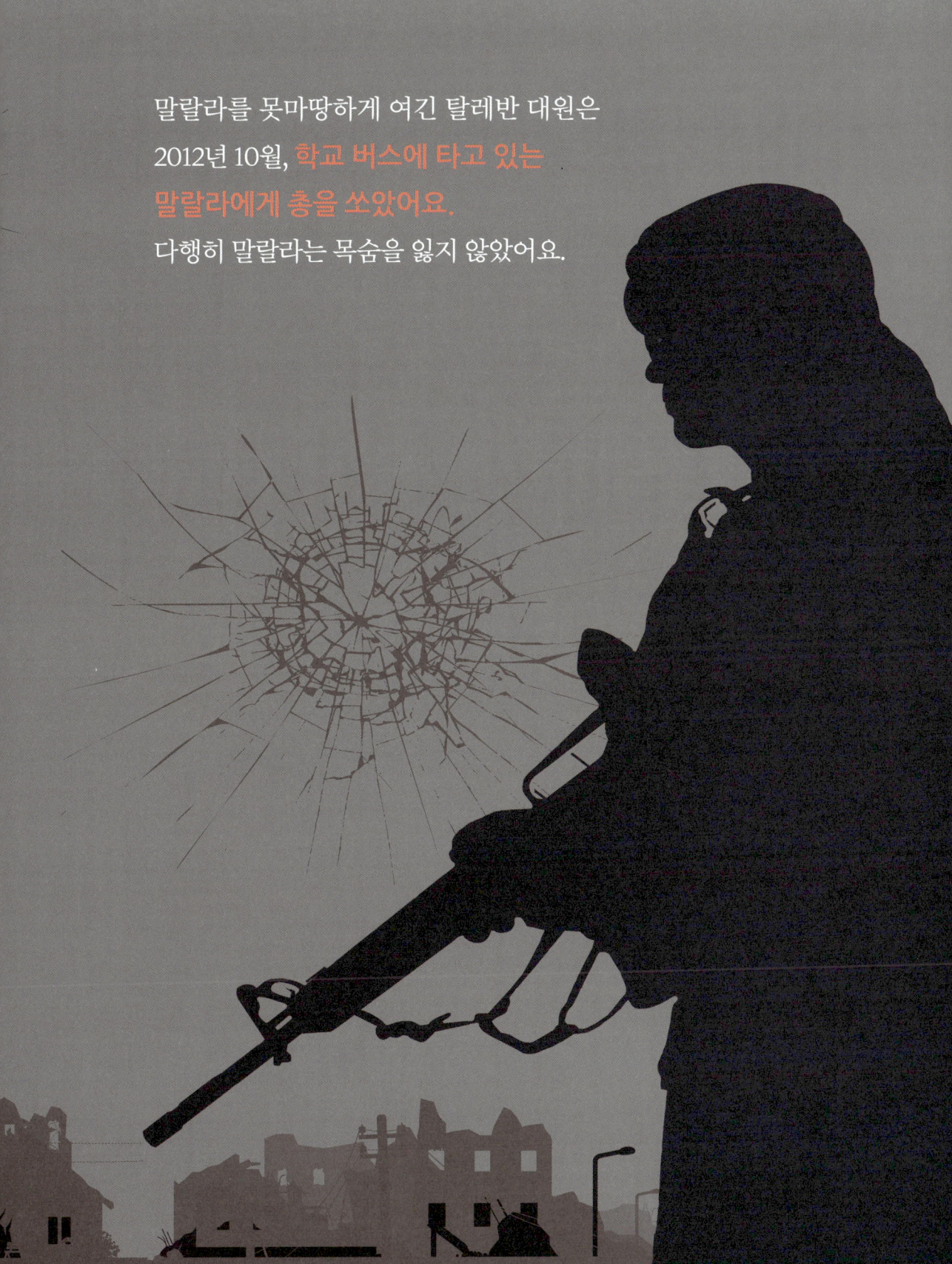

말랄라를 못마땅하게 여긴 탈레반 대원은
2012년 10월, 학교 버스에 타고 있는
말랄라에게 총을 쏘았어요.
다행히 말랄라는 목숨을 잃지 않았어요.

건강을 회복하자 말랄라는 영국에 살면서
전 세계 사람들에게 탈레반의 잘못된 행동을
알렸어요. 그리고 세계 사람들에게
**파키스탄의 소녀, 난민 여성, 아프리카의 여성에게
교육 기회를 제공**해 달라고 호소하고 다녔어요.
말랄라의 용기 있는 행동에 대해 세상은
노벨 평화상을 주어 칭찬했답니다.

탈레반은 제 왼쪽 이마에 총을 쐈습니다.
하지만 변한 건 없습니다.
오히려 약함, 두려움, 절망이 사망했고
힘, 능력, 용기가 태어났습니다.

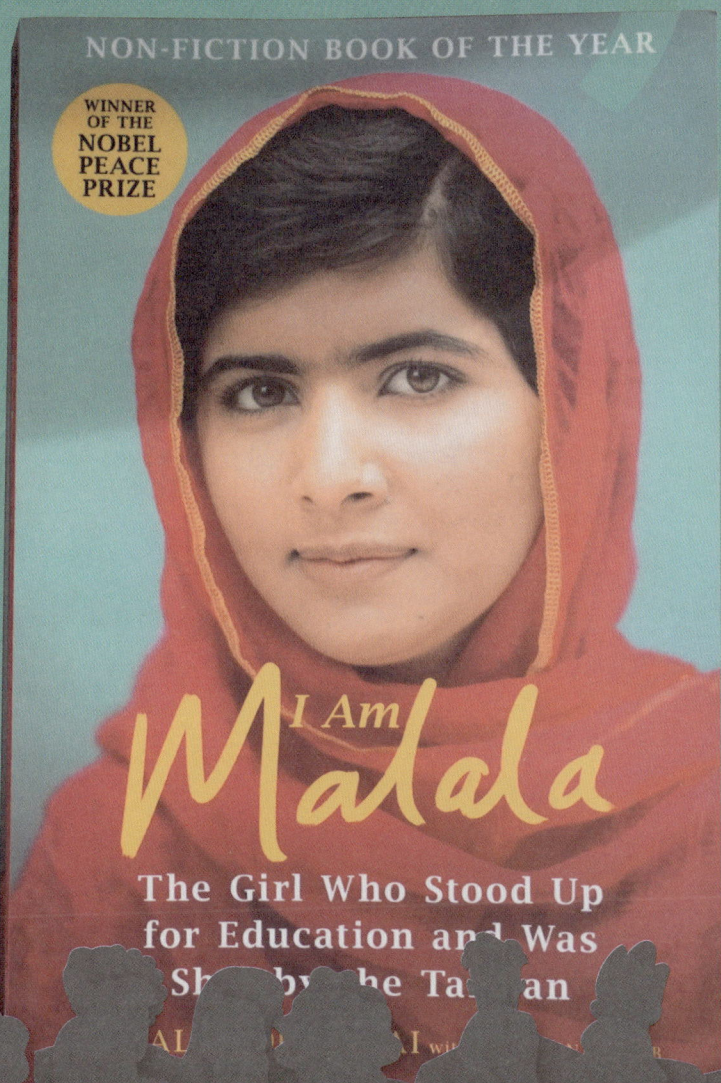

사람들은 자기에게 부당하거나
차별적인 일이 벌어지는
것에는 대부분 저항을 해요.
하지만 다른 사람을 위한 일에
적극적으로 행동하는 사람은
그리 많지 않아요.
그만큼 위험하기도 하고
아주 큰 용기를 내야 하기 때문이지요.

그런데 겨우 초등학생인 말랄라가
이렇게까지 큰 용기를 낸 것에 대해
여러분은 어떻게 생각하나요?

씩씩한 서희와 겁쟁이 서진이

"밥 먹기 싫어."

서진이가 아침밥을 안 먹겠다고 투정을 부렸습니다. 엄마는 서진이를 강제로 식탁 의자에 앉게 했습니다.

밥을 먹기 싫은 서진이는 숟가락으로 드럼을 치는 것처럼 식탁을 두드렸습니다.

"아들, 어서 먹어!"

엄마는 서진이가 들고 있는 밥숟가락을 당겨 반찬을 놓아 주었습니다.

"서진아, 너도 누나처럼 밥을 잘 먹어야 튼튼해져."

김치를 우직우직 씹던 아빠가 말했습니다.

"여보, 서진이가 스스로 먹도록 놔둬요."

아빠는 서진이에게 자꾸 밥을 먹여 주는 엄마가 못마땅해 한마디 덧붙였습니다.
"내버려 두면 잘 안 먹으니까 그렇죠."
엄마는 아빠 말을 못 들은 척했어요.

"엄마, 나는 튼튼한데 서진이는 왜 몸이 빼빼 마른 거야?"
서희가 밥을 맛있게 먹으면서 물었습니다.
"서진이는 아기 때부터 잘 먹질 않아서 약한 거야."
아빠가 서희한테 말하면서 눈을 찡긋했습니다.
"아빠, 그럼 서진이는 몸이 약해서 겁이 많은 거야?"
서희가 물었습니다.
"아냐. 그냥 겁이 많은 성격인 거지."
아빠가 대답했습니다.
"몸이 약하니까 겁이 많아진 거지."
엄마가 끼어들었습니다.
"엄마, 이제 그만 먹을래."
서진이가 들고 있던 숟가락을 놓았습니다.
"아들, 한 숟가락만 더 먹자."
"싫어."
서진이는 고개를 절레절레 흔들며 소파로 가서 벌러덩 누워 버렸습니다.
"여보, 이름을 놔두고 왜 자꾸 아들이라고 부르고 그래요?"
밥을 다 먹은 아빠가 넥타이를 매면서 말했습니다.

　엄마는 서진이를 "아들" 하고 불러서 아빠한테 종종 잔소리를 들었습니다.

　"사람들이 서진이를 여자로 아니까 그렇죠."

　엄마가 아빠를 이해시키려고 말했습니다.

　"서진아, 머리를 아빠처럼 짧게 자르면 어때?"

　아빠가 달래듯이 말했습니다.

　"싫어. 긴 머리가 더 좋아."

　고개를 젓는 서진이를 보며 아빠는 "그래, 개성 있으니 좋다." 하면서 웃었습니다.

　서희랑 서진이는 쌍둥이로 태어났습니다. 서진이는 축구 같은 운동을 하는 것보다 혼자 공기놀이 하는 걸 더 좋아합니다. 운동장에서 아이들이 축구를 하고 있으면 멀찍이 돌아서 가곤 합니다. 어쩌다 축구공이 날아오기라도 하면 기겁을 하며 도망치듯 달아

납니다. 단발머리만큼 긴 머리에 펌을 한 모습도 얼핏 여자아이처럼 보입니다.

"학교에 갈 시간이네. 어서 준비하렴."

"걷는 것도 운동인데 이젠 데려다주지 마요. 서진이 몸이 약하다고 자꾸 차로 데려다주면 더 약해진다니까요."

아빠 말에 엄마는 대답을 안 했습니다. 아빠는 한숨을 쉬며 회사에 갔습니다. 서희랑 서진이도 학교에 갈 준비를 했습니다.

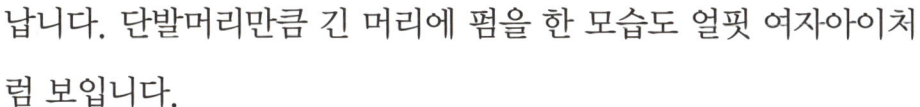

"서진아, 가방 빨리 메."

서진이가 가방을 메도록 서희가 도왔습니다.

"어서 신발 신어."

엄마는 서진이 앞에 신발을 놓아 주었습니다.

그런데 서진이는 울상을 짓고 서 있었습니다.

"엄마, 서진이 또 학교 가기 싫은가 봐."

서희는 느릿느릿 걷는 서진이를 보면서 말했습니다.

"아들, 빨리 좀 걸어라."

엄마는 주차장에 도착할 때까지 뒤에서 서진이 등을 살살 밀어 주었습니다.

서희는 서진이랑 같이 승용차에 탔습니다. 서진이는 아직도 입이 쑥 나와 있었습니다.

"엄마, 서진이는 학교 가는 게 싫대. 엄마랑 같이 집에서 노는 게 더 좋대."

"학교에서는 누나가 옆에 있는데 왜 그래."

엄마가 운전을 하면서 말했습니다.

"애들이 서진이는 용기도 없고 겁쟁이라고 놀려."

서희가 엄마한테 그동안의 일을 말했습니다.

"왜 자꾸 내 얘기를 해?"

서진이가 팔꿈치로 서희 옆구리를 쳤습니다. 하지만 서희는 계속 말했습니다.

"학교에서도 나랑만 말하고 다른 애들이랑은 말 잘 안 해. 선생님이 발표를 시켜도 대답도 안 하고 입 꾹 다물고 있어."

"아들, 선생님 말씀에 대답 잘하기로 엄마랑 약속했잖아."

"몰라."

서진이는 엄마한테 짜증을 냈습니다.

"선생님이 발표를 시키시면 해야지, 왜 안 해?"

엄마는 갑자기 예민해졌습니다.

"내가 대답하는 게 틀릴까 봐 겁나서 그런단 말이야."

서진이가 울먹거리며 말했습니다.

"틀리면 어때? 틀려도 선생님이 혼내지 않으셔."

엄마가 마음을 가라앉히고 말했습니다.

"엄마 말이 맞아. 나도 며칠 전에 발표를 틀리게 했는데도 선생님이 뭐라고 하지 않으셨어. 너도 알잖아."

서희가 엄마 말에 맞장구쳤습니다.

"애들이 웃을까 봐 겁난단 말이야."

"아들, 자신감을 가져 봐, 자신감을."

서진이 말에 엄마가 힘을 주며 말했습니다.

"어휴, 이 겁쟁이!"

서희가 서진이를 바라보며 안타까워했습니다.

"엄마, 자신감을 갖는 것도 용기 있는 거야?"

"그럼."

엄마가 학교 앞에 차를 세우며 대답했습니다.

"서희야, 이따가 공부 끝나면 서진이 데리고 정문 앞으로 나와."
"응, 엄마."
서희가 손을 흔들면서 대답했습니다.
서진이는 엄마 쪽으로 자꾸 돌아보았습니다.
"서진아, 빨리 와. 빨리 오라고!"
서진이가 너무 천천히 와서 교실까지 한참 걸렸습니다.
"빨리 신어."
서희는 서진이 실내화를 꺼내 주었습니다.
하나부터 열까지 서희와 엄마가 신경 써 주지 않으면 안 되는 서진이입니다. 이렇게 오늘 또 하루가 시작됩니다.

선생님은 교실에 벌써 와 있었습니다.
"선생님, 우리는 한 달에 한 번씩 짝 바꾸는데 서희랑 서진이는 왜 매일 같이 짝하는 건데요?"
오늘도 나란히 앉은 서희와 서진이를 보고 현지가 물었습니다.
"서진이를 도와줘야 하기 때문에 그런 거야. 그렇죠, 선생님?"
우영이가 말하자, 선생님이 빙그레 웃었습니다.
"선생님, 서희랑 서진이는 쌍둥이인데 왜 달라요?"

현지가 무척 궁금한 눈빛으로 물었습니다.

"쌍둥이라고 얼굴이 다 똑같지는 않아. 서진이와 서희는 이란성 쌍둥이라서 그런 거야."

"맞아. 그런 거야."

서희가 헤헤 웃었습니다.

"얼굴 말고, 행동이 왜 다르냐고요?"

현지가 다시 물었습니다.

"행동?"

선생님이 이해가 안 간다는 듯 현지를 보며 물었습니다.

"서희는 씩씩한데 서진이는 완전히 반대잖아요."

현지가 서진이를 힐끔 보면서 말했습니다.

"서진이는 겁쟁이예요."

"맞아요, 서진이는 겁이 많은 것 같아요."

누군가 현지 말에 덧붙여 말했습니다.

"쌍둥이라고 해서 성격도 똑같진 않지. 쌍둥이인데 서희가 서진이보다 키가 크지 않니."

선생님이 웃으며 말했습니다.

"내 동생은 원래 겁이 좀 많아. 그러니까 이해해 줘."

서희가 너스레 떨듯 말했습니다.

"그래, 2학년이 되면 서진이도 서희처럼 씩씩해질 거야."

선생님이 수업 준비를 하면서 말했습니다.

"누나, 화장실 가고 싶어."

그때 서진이가 작은 소리로 말했습니다.

"선생님, 서진이는 왜 서희한테 누나라고 해요? 똑같이 여덟 살인데."

현지가 또 물었습니다.

"내가 서진이보다 10분 더 일찍 태어났기 때문에 그런 거야."

서희가 선생님 대신 대답했습니다.

"빨리, 화장실."

서진이가 발을 동동 굴렀습니다.

"서진아, 이제부터는 화장실에 혼자 가면 안 될까?"

선생님이 급하게 말하는 서진이한테 예쁜 목소리로 말했습니다.

"선생님, 서진이는 학교 화장실이 무섭대요."

"어서 같이 다녀오렴."

서희의 말에 선생님이 빨리 갔다 오라고 허락해 주었습니다.

어떤 게 용기 있는 행동일까?

무섭고 두려운 걸 무조건 참는 게 용기일까요? 진짜 용기란 무엇인지 정말 궁금해요.

서진이가 선생님이 발표를 시켜도 대답도 안 하고 입을 꾹 다물고 있네. 왜 그럴까?

그야 대답했다가 틀릴까 봐 겁나서 그러겠지.

애들이 웃을까 봐 겁난다잖아.

뭐 틀렸다, 맞았다 할 수도 있지. 그런 건 신경을 꺼도 돼!

난 서진이를 이해해. '잘했다', '맞다' 이런 말이 듣고 싶은데 '너, 틀렸어.'라고 들으면 좀 창피하겠지.

선생님, 용기가 뭐예요?

보통은 겁나는 것을 참아 내는 것을 용기라고 생각하지. 그런데 '해야 할 일'을 잘 해내는 것도 용기이고, '하면 안 되는 것'을 안 하는 것도 용기란다. 그래서 절제도 용기에 포함되는 거지.

소쌤의 인문 특강

솔로몬 애쉬의 동조 실험

집단 속에서 자신만이 옳다고 믿는 것이 생겼을 때, 너희는 소신 있게 대답할 수 있는 용기가 있니? 아래 실험을 한번 살펴보자.

전혀 모르는 사람 7명이 한 방에 있어. 연구원이 7명에게 카드 두 장을 보여 주면서 이렇게 질문했지.

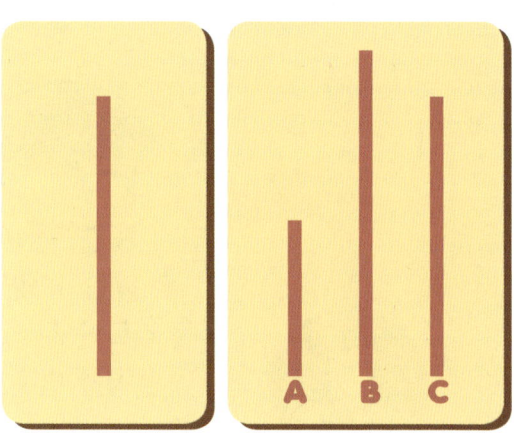

> 왼쪽 카드의 선과 길이가 같은 것은 A, B, C 중 어느 것일까요?

6명의 사람이 모두 A라고 대답했어.

> 내 눈엔 C가 맞는 것 같은데 왜 다들 A라고 하지? 내가 잘못 본 걸까?

모두가 A라고 하는데 나만 C라고 말하는 건 상당한 용기를 필요로 하는 일이란다. 정답이라고 믿는 걸 말할 용기, 모두가 정답이라고 한 걸 아니라고 할 수 있는 용기, 이상하게 바라볼 남들의 시선에 당당할 용기 말이지.

이 실험은 1951년 심리학자 솔로몬 애쉬가 실제로 진행한 것이란다. 그는 이 실험을 위해 연구진 6명과 실험의 대상자인 진짜 피험자 1명을 투입했지. 그리고 가짜 피험자인 연구진 6명에게 모두 A라고 대답하라고 지시했어.

솔로몬 애쉬는 이 실험을 50번이나 했는데 50명의 진짜 피험자 중 무려 37명이 A라고 대답했다지 뭐니.

가짜 피험자들이 모두 A라고 대답하니까 용기 있게 대답하지 못하고 거짓 답을 내놓은 거야. 솔로몬 애쉬는 의견에 대한 집단 압력의 영향을 입증한 동조 실험으로 가장 잘 알려져 있어.

"집단의 압력이 강하면, 자신의 의견을 용기 있게 말하는 것이 어렵답니다."

솔로몬 애쉬(1907~1996) 폴란드계 미국인. 게슈탈트 심리학 및 사회 심리학의 선구자.

전학 온 아이

서희와 서진이는 오늘도 엄마 차를 타고 학교에 왔습니다.

"첫째 시간은 국어야."

서희는 서진이 가방에서 국어책을 꺼내 책상에 놓아 주었습니다. 서진이는 누나가 해 주는 대로 가만히 있었고요.

그때 선생님이 어떤 남자아이를 데리고 들어왔습니다.

새 친구의 등장에 아이들 눈이 반짝거렸습니다. 그 친구는 목발을 짚고 있었습니다.

"얘들아, 오늘 새 친구가 왔단다. 아빠가 군인인데 이 근처에 있는 부대로 오시게 돼서 우리 학교로 전학 오게 됐다는구나."

선생님은 아이한테 직접 자기소개를 하라고 했습니다.

"내 이름은 박정수야. 사이좋게 지내자."

정수 목소리가 우렁차서 다들 깜짝 놀랐습니다.

복도 창문으로 어떤 아주머니가 정수를 보고 있었습니다. 정수 엄마인 것 같았습니다.

"정수야, 우선 이 줄 맨 끝에 앉도록 해."

"네."

정수는 선생님이 정해 준 자리로 갔습니다. 아이들 눈이 목발을 짚고 가는 정수에게 쏠렸습니다.

"내가 도와줄게."

서희는 얼른 다가가서 정수 팔을 잡아 주려고 했습니다.

"괜찮아, 나 혼자 앉을 수 있어."

정수가 웃으면서 말했습니다. 자리에 앉은 정수가 창가에 있는 아주머니를 보았습니다. 아주머니는 활짝 웃으면서 손을 흔들어 주고 자리를 떠났습니다.

"정수가 참 씩씩하구나."

선생님이 칭찬을 해 주었습니다.

국어 수업이 끝나고 쉬는 시간이 되었습니다. 아이들의 관심은 당연히 정수에게 쏠렸지요.

"너, 다리 많이 아파?"

서희는 정수한테 다가가 말을 걸었습니다.

"예전엔 많이 아팠는데 지금은 괜찮아."

"근데 왜 이걸 하는 건데?"

서희가 정수 책상 옆에 놓인 목발을 가리켰습니다.

"내가 교통사고가 크게 나서 수술했거든. 이것 봐."

정수가 바지를 걷어 올리고 다친 다리를 보여 주었습니다. 아이들이 몰려와 정수 다리를 빤히 보았습니다.

서진이도 슬며시 고개를 빼고 보았습니다. 그런데 수술한 다리가 안 아픈 다리보다 짧았습니다.

"아기 다리 같아."

현지가 얼굴을 찡그리면서 말했습니다.

"나, 이 다리 되게 높이 올릴 수 있어. 볼래?"

정수는 갑자기 자리에서 일어나 뒤로 가더니 교실이 떠나갈 듯이, "얍!" 하고 소리치면서 아픈 다리를 번쩍 올렸습니다. 모두 깜짝 놀라 환호성을 질렀습니다.

"와!"

아이들이 신기한 눈으로 정수를 보았습니다.

"정수야, 대단한걸?"

서희도 정수를 보며 깜짝 놀랐습니다.

"태권도 도장에서 배운 거야."

"태권도를 배우러 다닌다고?"

아이들 눈이 동그래졌어요.

"응, 이사 오기 전에 다녔어."
정수는 부끄럼도 없고 무척 씩씩했습니다.
수업이 다 끝났습니다.
정수는 책가방을 챙기면서 알 수 없는 노래를 크게 불렀습니다. 아이들은 그런 정수를 보면서 킥킥대고 웃었습니다. 정수가 부르는 노래가 얼마나 길던지 끝날 줄 몰랐습니다. 서희는 웃음이 나와서 참을 수가 없었습니다. 선생님도 정수를 보면서 웃었습니다. 서진이만 무표정으로 정수를 보고 있었습니다.

"그게 무슨 노래니?"

서희가 깔깔깔 소리내어 웃으면서 물어봤습니다.

"그냥 내가 지어서 부르는 거야."

정수는 대답을 하고는 계속 이어서 불렀습니다.

"너 나중에 가수 될 거야?"

현지가 눈을 반짝이며 물었습니다.

"아니."

"그럼?"

현지가 또 물었습니다.

"나중에 노래 만드는 사람이 될 거야."

현지가 자꾸 말을 시키는 바람에 정수는 부르던 노래를 멈춰야 했습니다.

"가수들이 부르는 노래?"

서희가 물었습니다.

"응."

"정수가 전학 오자마자 인기가 좋구나."

선생님이 흐뭇한 목소리로 말했습니다.

"수업이 다 끝났으니 어서 집에 가렴."

선생님 말씀에 아이들이 서둘러 흩어졌습니다.

"선생님, 안녕히 계세요."

정수는 선생님 앞에 가서 넙죽 인사를 했습니다.

"그래, 내일 반갑게 또 보자."

선생님이 호호 웃었습니다.

신발을 신고 있는 서희와 서진이 옆에서 정수도 목발을 짚은 채 신발을 꺼내 신었습니다.

"서진아."

그때 엄마가 복도로 걸어왔습니다.

"수업이 끝났는데도 바로 안 나와서 걱정했잖아."

엄마가 서진이 손을 잡으며 말했습니다.

"안녕하세요?"

엄마는 인사를 하는 정수를 뚫어지게 보았습니다.

정수는 누군가를 발견하고는 목발을 짚고도 쏜살같이 밖으로 뛰어나갔습니다.

"엄마, 정수는 노래를 막 지어서 불러."

서희가 정수에 대해 칭찬하는 말을 했습니다.

"재미있는 아이인가 보구나."

엄마는 피식 웃으며 서진이 손을 잡고 걸었습니다.

정수는 엄마와 밖에서 조잘조잘 이야기 중이었습니다.

"엄마, 이 학교도 되게 좋아!"

정수는 오늘 아이들과 있었던 이야기를 신나서 들려주었습니다. 표정이 무척 밝았습니다.

"그래?"

정수 엄마는 활짝 웃으면서 이야기를 들어 주었습니다.

"다리를 다쳤나 봐요."

서진이 엄마가 걱정하는 얼굴로 정수 엄마에게 말했습니다.

"네, 어릴 때 사고로……."

정수 엄마는 살며시 웃는 얼굴로 말을 흐렸습니다.

"애 가방을 들어 줘야 하지 않을까요?"

서진이 엄마의 목소리에는 여전히 걱정하는 마음이 담겨 있는 듯했습니다.

"우리 정수는 안 들어 줘도 괜찮아요."

정수 엄마가 방긋 웃었습니다.

"얘들아, 안녕. 내일 또 만나."

정수가 손을 흔들었습니다. 정수 엄마도 웃으며 눈인사를 했습니다.

"애가 아프면 가방을 들어 주는 게 맞을 것 같은데……."

엄마가 혼잣말처럼 중얼거렸습니다.

"오늘은 첫날이라 길 익혀 주려고 온 거예요."

정수 엄마가 돌아보며 방긋 웃었습니다. 그러면서 정수는 서희네와 다른 길로 향했습니다.

"엄마, 오늘 전학 온 정수는 정말 대단해. 다리가 불편한데도 되게 씩씩해. 서진이도 정수처럼 용기가 있으면 좋겠어."

서희가 차 뒷자리에 앉아서 계속 정수 얘기를 했습니다.

"서진이도 키도 더 크고 튼튼해지면 용기가 생길 거야."

엄마는 서진이가 원체 몸이 약하고 키도 작기 때문이라고 했습니다.

"정수도 키가 작은걸?"

"키는 작아도 뭐든 잘 먹나 보지."

엄마는 몸이 튼튼해야만 용기도 생기는 것처럼 늘 말했습니다.

서진이는 어쩔 수 없다는 투로 말이에요.

"몸이 약하다고 해서 용기도 없는 건 아니랬어."

"누가 그래?"

"우리 선생님이."

엄마는 무슨 말을 더 하려다 입을 다물었습니다.

서희는 선생님이 해 줬던 말이 또 생각났습니다.

"얘들아, 1학년을 마칠 때까지 모두 씩씩하고 용기 있는 어린이가 되도록 하자."

선생님이 '안전한 생활' 수업 시간에 용기에 대한 설명을 하다가 해 주신 말씀이에요.

"선생님, 제 동생 서진이는 몸이 많이 약해서 용기가 없어요."

그때 서희가 걱정하는 얼굴로 말했습니다.

"몸이 약해도 씩씩할 수 있단다."

"선생님, 씩씩한 것과 용기는 다른 거예요?"

서희가 물었습니다.

"아니, 둘 다 같은 말이란다."

서희는 쌍둥이 동생 서진이가 더 씩씩해지기만을 바라고 또 바랐습니다. 엄마 없이 다니고 싶기도 했고요.

두려움은 왜 생길까?

애들이 웃을까 봐 겁난단 말이야

엄마 배 속에서 나오면서부터 우리는 이 세상에 있는 백만 가지 무서움과 두려움을 참고 살아가는 것 아닐까요?

난 엄마한테 등짝 스매싱을 자주 당해서 엄마가 손을 위로 올리기만 해도 무서워서 도망 다녀.

그런데 무서움, 두려움은 왜 생기는 걸까?

맞아 봐서 아는 거네. 아니까 무서워하는 거구나.

그런데 우린 귀신은 본 적이 없잖아. 그럼 귀신은 무서워할 필요가 없는 거 아니야?

보지는 못했지만 어떤 대상에 대해 들어서 아는 것만으로도 무섭기도 해. 나쁜 사람이 있다는 것을 아니까 캄캄할 때 바깥에 있기가 두려운 거라고.

난 낯선 곳에 가면 어디가 어딘지 몰라서 길을 잃을까 봐 두려워. 또 모르는 사람이 다가오면 무섭고 말이야. 그러니까 내가 어떻게 해야 할지 몰라서 무서운 것 같아.

철학자들이 말하는 용기란?

 용기에 대해 설명해 주는 철학자들 이야기를 들어 볼래?

> 국가를 지키는 리더에게 용기는 꼭 필요하단다. 국가를 지키기 위해 희생까지도 마다하지 않는 힘, 용기가 꼭 필요하지.

> 용기는 자신이 가장 사랑하는 것 또는 신념을 지킬 수 있는 힘이란다.

플라톤(기원전 428/427 또는 424/423~기원전 348/347)
소크라테스의 제자, 아리스토텔레스의 스승. 대학의 원형인 고등 교육 기관 '아카데메이아'의 교육자.

소크라테스(기원전 470년경~기원전 399)
고대 그리스 철학자

이처럼 그리스 시대에 훌륭한 리더는 곧 용기 있는 사람을 가리키는 말이었단다. 그렇다면 당시에 용기 있는 리더를 어떻게 뽑았을까?

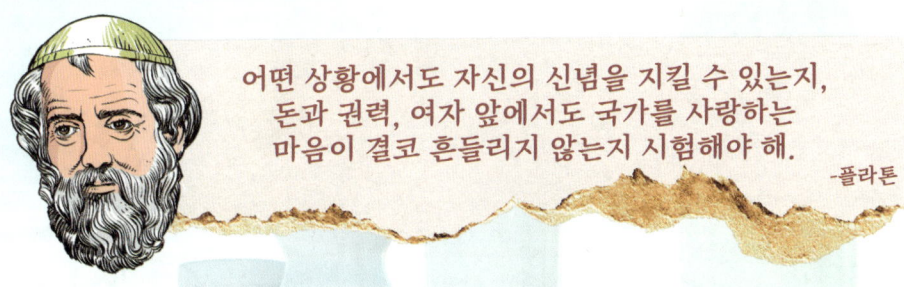

어떤 상황에서도 자신의 신념을 지킬 수 있는지, 돈과 권력, 여자 앞에서도 국가를 사랑하는 마음이 결코 흔들리지 않는지 시험해야 해.
-플라톤

당연히 이런 시험이 쉬웠을까? 어려운 일이지. 그래서 용기란, 자기가 소중하게 여기는 것을 지키기 위한 고된 싸움을 이겨 낸 사람만 갖게 되는 황금 훈장 같다고 할 수 있단다.

용기는 아는 것에서 나온다. 용기는 무엇이 안 좋은 것인지, 무엇이 정의롭지 않은지를 아는 것과 관련되었기 때문이지.
-플라톤

그래서 용기는 모든 사람이 가기를 두려워하더라도 그곳이 훌륭하고 정의로운 곳이라면 기꺼이 가는 행동과 같은 것이란다.

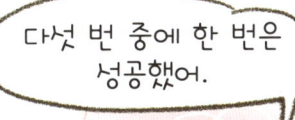

서진이의 잘못된 용기

오늘은 토요일이라 학교에 안 갔습니다. 아빠도 쉬었습니다.

서희는 소파에 앉아 정수를 떠올리고 있었습니다. 정수는 정말 씩씩했습니다. 서진이도 정수처럼 씩씩해져서 서희를 귀찮게 하지 않았으면 좋겠다고 생각했습니다.

"엄마, 누나 나빴어."

그때 서진이가 입을 삐죽 내밀며 말했습니다.

"왜?"

"누나가 학교에서 나랑 안 놀고 정수랑만 놀아."

서진이가 일러바치듯이 말했습니다.

"넌 내 국어책 막 구겼잖아."

서희도 학교에서 있었던 일을 일러바쳤습니다.

"내가 화장실에 같이 가자고 했는데 누나가 안 갔잖아."
"이제 화장실엔 혼자 갈 수 있어야지."
"무섭단 말이야."
"귀신 나오는 것도 아닌데
뭐가 무서워."

서희랑 서진이가 다투는 목소리가 점점 커졌습니다.

"서진이 잘 도와주라고 엄마가 부탁했잖니?"

엄마가 얼굴을 찡그리며 서희를 나무랐습니다.

"서진이 때문에 친구들이랑 못 놀아서 화난단 말이야! 서진이를 화장실에 데려다주고 나면 쉬는 시간이 다 가 버린다고."

"서진아, 누나도 쉬는 시간엔 친구들과 놀기도 하고 그래야지."

엄마가 타이르듯 서진이에게 말했습니다.

사실 서희는 정수가 전학 오고 나서 서진이를 챙기는 일이 귀찮아졌습니다. 정수랑 노는 게 무척 재밌기 때문이었습니다. 노래를 아무렇게나 지어서 부르는 정수가 웃겼습니다. 어제는 아이들이랑 발씨름을 했습니다. 둘이서 다리를 서로 걸고 팔씨름처럼 하는 놀이였습니다. 정수는 다친 다리로 애들이랑 발씨름을 했는데 정수가 다 이겼습니다.

"정수가 누군데?"

아빠가 궁금해했습니다.

"아빠, 정수는 다리가 약한데도 씩씩하게 혼자 학교 다녀. 그리고, 되게 웃기고 재밌어서 아이들한테 인기가 좋아."

"교통사고로 다리를 다쳤다니, 마음이 아프네."

서희 얘기를 듣고 난 아빠가 안타까워했습니다.

"도와주지 않아도 혼자 잘한다고는 하는데 엄마가 보기엔 정수가 안돼 보이더라."

엄마는 정수가 전학 온 날 보았던 얘기를 했습니다.

"난 정수 엄마 마음을 알 것 같은데? 정수가 혼자 다닐 수 있도록 도와주려는 마음이 아닐까? 아마도 정수 엄마는 정수를 위해서 그러는 걸 거야."

아빠는 엄마랑 반대로 말했습니다.

"그래도 그건 아니죠. 다리도 아픈 데다 이제 겨우 1학년인데."

엄마는 정수 엄마가 너무 냉정하다고 했습니다.

"언제까지 어린애는 아니잖아요. 어릴 때부터 혼자 하는 힘을 길러 줘야 좋지요."

아빠 말에 엄마가 입을 삐죽였습니다.

"아빠, 정수는 축구도 잘한대."

"그래?"

아빠가 놀라워했습니다.

"거짓말."

서진이는 믿지 않았습니다.

"정말이야. 어제 공부 끝나고 애들이랑 축구했다고 했어."

"정수는 다리가 아픈데도 못 하는 게 없구나. 그러니까 서진이도 뭐든지 다 해 주면 안 돼."

아빠가 걱정을 섞어 말했습니다.

"뭘 다 해 준다고 자꾸 그래요."

엄마 목소리도 커졌습니다.

"아빠, 우리 반 친구들은 다 스스로 하는데 서진이는 자꾸만 나한테 도와 달라고 해. 오늘 미술 시간에도 서진이 때문에 힘들었어."

"왜?"

엄마가 득달같이 물었습니다.

"새 도화지 안 줘서 그런 거란 말이야."

서진이가 울먹거렸습니다.

"선생님이 괜찮다고 했는데도 네가 계속 새 도화지 달라고 졸랐 잖아."

서희는 쓸데없이 고집을 피우는 서진이가 얄미웠습니다.

"도대체 미술 시간에 무슨 일이 있었는데 그래?"

엄마가 눈을 찌푸리며 서희한테 물었습니다.

"그렇게 다투지 말고 차근차근 말해 보렴."

아빠가 서희랑 서진이를 번갈아 보면서 말했습니다.

"서진이가 그림 망쳤다면서 선생님한테 새 도화지 달라는 말을 나한테 시켰어."

"그래서?"

엄마가 굳은 얼굴로 물었습니다.

"선생님한테 직접 말하라고 했는데, 내 말을 안 들었어. 그리고 선생님이 괜찮다고 그냥 이어서 그리라고 했는데 서진이가 말을 안 듣고 더 이상 그림을 안 그렸어."

서희는 미술 시간에 있었던 일을 자세하게 말했습니다.

그러자 서진이가 울음을 터뜨렸습니다. 서희가 사실대로 말하는 게 마냥 억울하기만 했나 봐요.

"선생님한테 물어보고 싶은 게 있을 때마다 매일 나한테 시켜. 발표하는 것도 아닌데 말이야."

"서진아, 부끄러워서 그랬니?"

아빠 말에 서진이가 고개를 끄덕였습니다.

"서진아, 뭐가 부끄러워. 집에서 엄마 아빠한테 표현하듯이 학교에서도 하면 돼."

아빠는 서진이 손을 당겨 잡으며 말했습니다.

"공부 시간에 울면 친구들한테 방해되잖니."

"맞아. 애들이 모두 서진이 때문에 그림을 그리다 멈췄어."

서희가 말하자, 엄마가 화를 냈습니다.

"새 도화지를 달라고 하면 선생님이 주셨어야지. 그게 뭐라고 안 줘서 서진이를 울렸다니."

"선생님이 서진이한테 그림 잘 그렸다고 하면서, 망친 게 아니라고 했어."

엄마가 자꾸 서진이 편을 들어서 서희는 화가 났습니다.

"우리 서진이는 앞으로 누나 없어도 뭐든지 혼자 할 수 있게 될 거야."

아빠가 서진이 머리를 쓱쓱 쓰다듬어 주었지만 서진이는 발을 쿵쿵거리며 방으로 들어가 버렸습니다.

"엄마, 오늘은 나 먼저 학교 갈래."

서희는 아침밥을 먹자마자 서둘렀습니다.

"왜 혼자 간다는 거야?"

엄마 눈이 휘둥그레졌습니다.

"공부 시작하기 전에 정수랑 같이 줄넘기하기로 했어."

"나도 같이 갈래!"

서진이가 가방을 메고 나가는 서희를 붙잡았습니다.

"싫어!"

서희는 서진이를 떼어 놓고 갈 셈이었습니다. 서진이는 보나마

나 느릿느릿 걸어서 짜증 나게 할 게 뻔했습니다.

"기다려, 엄마가 데려다줄 테니까."

"빨리 가야 된단 말이야!"

서희는 엄마와 서진이를 기다렸다가는 늦을 것 같았습니다. 그래서 싫다고 했습니다.

"나도 누나랑 같이 걸어갈래."

서진이가 허둥대며 가방을 가지러 방으로 갔습니다.

"서희야, 서진이와 함께 가면 좋겠는데."

아빠가 꼭 그래 줬으면 하는 표정이어서 서희는 어쩔 수 없이 서진이를 기다렸습니다.

"서진아, 체육 시간에 친구들 하는 거 구경만 하면 안 돼. 체육도 공부인데 열심히 해야지."

체육 과목이 있는 날마다 아빠는 서진이한테 꼭 그렇게 말했습니다. 하지만 소용없었습니다. 서진이는 체육 시간에 체육을 안 하고 늘 구경만 했습니다.

"엄마가 데려다줄게."

엄마가 안 되겠다는 듯이 나섰습니다.

"여보, 둘이 가게 내버려 둬요."

아빠가 가로막았습니다.

"서진아, 오늘 화이팅!"

아빠가 엄지를 치켜세우고 외쳤습니다. 엄마는 마지못한 표정을 지으며 아빠 뜻대로 했습니다.

"서희야, 한눈팔지 말고 조심히 가야 돼!"

걱정하는 엄마의 목소리가 집 밖까지 들렸습니다.

서희는 집에서 나오자마자 막 뛰었습니다.

"누나, 같이 가!"

서진이가 뒤따라오면서 울먹거렸습니다. 하지만 서희는 신경 쓰지 않고 뛰었습니다. 요즘은 서진이가 막 울어도 나 몰라라 모른 척하곤 하는 서희입니다.

"누나, 나빴어."

서진이가 어느새 따라와 서희의 옷을 잡았습니다.

"내가 뭘 나빠."

서희가 눈을 부릅뜨면서 따졌습니다.

"누난 정수만 좋아하잖아."

"정수는 다리 아픈데도 뭐든지 혼자 다 하잖아. 너도 이제부터 귀찮게 하지 말고 네가 좀 알아서 해."

서희가 따끔하게 얘기했습니다. 그때 운동장에서 정수가 줄넘기를 하고 있는 모습이 서희 눈에 띄었습니다.

"너 먼저 교실로 가. 난 정수랑 줄넘기하고 들어갈 거야."

서희는 정수가 있는 쪽으로 달려갔습니다. 서진이는 바로 교실로 가지 않고 식식거리며 따라왔습니다.

정수는 땀을 뻘뻘 흘리면서 줄넘기를 했습니다. 몸이 한쪽으로

 기울어서 넘어질 것 같은데도 신기하리만큼 넘어지지 않고 잘했습니다.
 "진짜 잘한다."
 서희가 구경하면서 감탄을 했습니다. 서진이는 그런 서희를 말

도 없이 가만히 노려보기만 했습니다.

"어휴, 숨차다."

정수가 혀를 내밀고 서서 헉헉댔습니다.

"정수야, 우리 시합하자."

서희가 가방을 땅에 내려놓고 줄넘기를 꺼냈습니다.

"좋아. 우리 셋이 같이 하자!"

정수가 숨을 고르며 말했습니다.

"아냐. 서진이는 빼고 나랑 둘이 해."

서희가 당연하다는 듯이 말했습니다. 물론 서진이도 함께할 생각이 없긴 했지만요.

정수는 문득 생각났다는 듯이 말했습니다.

"서진아, 근데 너는 체육 시간에 왜 체육 안 하는 건데?"

서진이는 대답을 안 했습니다.

"얘는 우리 엄마랑 있을 때만 말 잘해. 그리고 몸이 약해서 툭하면 넘어져."

"아, 알았다. 서진아, 부끄러워서 그런 거지? 그치?"

정수는 비밀이라도 알아낸 것처럼 밝은 목소리로 말했습니다.

"나도 유치원 때는 다리 때문에 친구들이랑 놀다가 자꾸 넘어져서 부끄러웠어. 그래서 우리 엄마랑만 놀았어. 근데 우리 엄마는 다리가 튼튼해지면 친구들과 신나게 놀 수 있다고 하면서 나랑 매일매일 운동을 했어. 너도 열심히 운동해 봐. 몸도 튼튼해지고 친구들이랑 놀고 싶은 마음이 막 생겨."

정수는 아주 신난 목소리로 말했습니다.

"서진이는 집에서는 자기가 하고 싶은 대로 다 하는데 학교에 오면 정반대야."

서진이는 서희 말이 듣기 싫은지 인상을 팍 썼습니다. 그저 아무 말도 못 하고 입을 꾹 다물고 있었지요.

서희는 씩씩하고 용기 있는 정수가 오늘따라 더 부러웠습니다. 서진이도 오늘은 왠지 정수가 부러웠습니다. 학교에만 오면 서희 누나에게 기대게 되는 자신이 싫고 속상했습니다. 한쪽 다리가 약한데도 애들 앞에서 창피해하지 않는 정수가 부러웠습니다. 순간 서진이도 정수처럼 용기 있는 아이가 되고 싶었습니다.

　오늘은 서희 누나 앞에서 용기 있는 모습을 반드시 보여 주고 싶었습니다. 서진이는 마음을 굳게 먹었습니다. 서진이는 눈을 질끈 감고 줄넘기를 하고 있는 정수 발을 걸었고, 그 바람에 정수가 넘어지고 말았습니다.

"야! 너 왜 그래?"

서희가 화를 내며 서진이한테 소리쳤습니다.

"정수야, 괜찮아?"

서희가 정수 팔을 붙들었습니다.

정수 손바닥에서 피가 났습니다. 서희는 정수 손을 보며 당황했습니다.

"피 나잖아!"

서희가 서진이한테 또다시 소리 질렀습니다.

서진이는 서희 누나 앞에서 처음으로 용기 있는 모습을 보여 줬습니다. 그런데 누나가 버럭 화를 내니 눈물이 나왔습니다.

"빨리 보건실에 가자."

서희가 땅에 놓인 목발을 가져와 정수에게 주었습니다.

"괜찮아. 줄넘기 연습할 때 얼마나 많이 넘어졌는데. 이것 봐. 돌에 찍혀서 흉터도 생겼어."

정수가 팔뚝에 생긴 흉터를 보여 주면서 일어났습니다.

그때 수업 시작종이 울렸습니다.

"빨리 들어가자."

정수는 피가 나는 손을 옷에 쓱 문질렀습니다.

"정수야, 너 정말 씩씩하다."

서희가 정수 옆에 바짝 붙어 가며 속삭이듯 말했습니다. 그래도 서진이 귀에는 다 들릴 정도였지요.

서진이는 교실에 들어와 자리에 앉자마자, 서희에게 바락바락 따졌습니다.

"누나, 나빴어. 나한테 화만 내고."

"너 왜 정수 발을 걸어서 넘어뜨렸어? 그게 잘한 일이야?"

서희가 또 화를 냈습니다.

"내가 용기를 내서 그렇게 한 거란 말이야."

서진이 말에 서희는 어이없는 표정을 지었습니다.

"그건 올바른 용기가 아니야!"

용기는 어떻게 북돋을 수 있을까?

용감해지는 법이 따로 있나요?
자신감 없는 친구에게
용기를 심어 주고 싶어요.

 태권도 다녀서요.

 다리가 약한데도 정수가 씩씩할 수 있었던 이유가 무엇일까?

 태권도 다닌다고 다 씩씩한 건 아니지. 뭉치를 봐.

 외모가 그 사람의 능력이나 품성을 나타내는 것이 아니라는 것을 정수는 잘 알고 있는 것 같구나.

 다리는 아프지만 태권도를 배워서 체력도 기르고 말이에요.

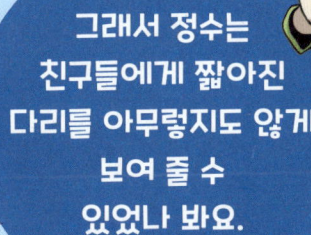 그래서 정수는 친구들에게 짧아진 다리를 아무렇지도 않게 보여 줄 수 있었나 봐요.

소쌤의 인문 특강

인종 차별에 맞선 로자 파크스의 용기

1863년 미국의 에이브러햄 링컨은 '노예 해방 선언문'을 발표했단다.

백인들의 노예로 묶여 살던 흑인들을 해방시켜 준 것이지. 흑인들은 이제 백인들과 똑같은 자유를 누릴 수 있을 거라고 기대했단다.

하지만 기대는 곧 실망으로 바뀌었어. 일상에서는 여전히 인종 차별이 계속되었거든. 흑인은 백인의 학교에 다닐 수 없었고 같은 지역에 살 수도 없었어. 음식점도 따로 이용해야 했지. 버스를 탈 때도 마찬가지였단다. '유색 인종 좌석'이 따로 있어서, 흑인은 그 자리에만 앉을 수 있었어. 빈자리가 있어도 말이야.

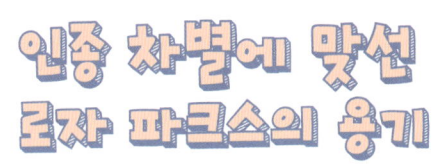

에이브러햄 링컨(1809~1865)
미국의 16번째 대통령. 미국의 남북 전쟁을 끝내고, 노예제를 폐지하였다.

FOR COLORED PASSENGERS

그러다 1955년 바로 그 일이 일어났단다. 그날 로자 파크스는 일을 마치고 집에 돌아가는 버스를 탔어. 언제나처럼 유색 인종 좌석에 앉았지. 그런데 백인 좌석이 전부 차고, 서 있는 백인 손님이 생기면서 문제가 생긴 거야. 운전기사는 버스를 세우고 큰 소리로 외쳤어.

"흑인들은 모두 백인들에게 자리를 내주시오!"

흑인들은 황당하고 기분이 나빴지만 아무런 항의도 하지 못했어. 괜히 대항했다가는 봉변을 당할지 모를 일이니까.

"인종 차별 하지 마시오!"라고 말할 용기가 없었던 거야.

결국 세 흑인은 자리를 양보했어. 하지만 로자는 꼼짝하지 않았지. 백인들이 왜 일어나지 않냐고 따지자 로자는 당당하게 말했단다,

로자 파크스
(1913~2005)
미국의 인권 운동가.

> 내가 왜 일어나야 하죠?
> 여긴 엄연히 유색 인종 좌석인데 말이에요.

백인들 위주로 만들어진 법과 제도 속에서 로자는 엄청난 용기를 발휘한 거야. 결국 로자는 경찰에 체포되었단다. 이 사건을 계기로 흑인들 사이에선 '버스 승차 거부 운동'이 일어났어. 이는 인종 차별에 저항하는 시민 운동으로 발전하게 되었단다. 로자의 용기 있는 행동 덕분에 말이야.

서진이의 또 다른 용기

"서진아."

아침을 먹은 뒤, 아빠가 서진이 방으로 들어왔습니다.

"서진아, 아빠랑 같이 강변에 산책하러 갈래?"

아빠가 다정하게 말했습니다.

"다 같이?"

"엄마는 주말이라고 친구들 만나러 나간다고 하고, 서희는 벌써 놀러 나갔어."

"좋아."

서진이는 아빠와 둘이 산책을 하기로 했습니다.

"햇볕이 뜨거울 거야. 모자 쓰고 가자."

"응."

아빠와 서진이는 각자 모자를 챙겼습니다.

"서진아, 아빠랑 잘 갔다 와."

엄마가 화장을 하면서 들뜬 목소리로 말했습니다. 여전히 걱정 어린 눈빛이었지만, 그래도 아빠와 함께라 안심하는 표정이에요.

"자, 그럼 슬슬 나가 볼까?"

아빠가 모자를 쓰면서 나섰습니다. 서진이도 모자를 눌러 쓰고 아빠를 따라 나왔습니다.

아빠랑 산책할 강변은 집에서 멀지 않아 금방 도착했습니다. 주

말이라 그런지 산책을 나온 사람들이 꽤 있었습니다.

"우리 서진이랑 이렇게 걸으니까 참 좋구나."

아빠가 서진이 손을 잡으며 말했습니다.

"나도 좋아."

서진이는 아빠랑 있으면 왠지 마음이 포근하고 좋았습니다.

"서진아, 학교 생활하면서 제일 힘든 게 뭐니?"

아빠가 갑자기 물었습니다.

"……."

"아빠한테 솔직하게 말해 봐."

서진이가 뜸 들이며 선뜻 대답을 하지 않는데도, 아빠는 가만히 기다려 주었습니다.

"음, 저기……."

서진이는 입속에서만 웅얼거렸습니다.

"솔직하게 말하는 것도 용기란다. 차근차근 말해 보렴."

"아빠, 마음속에 있는 말을 솔직하게 말하는 것도 용기 있는 거야?"

아빠 말에 서진이는 귀가 번뜩였습니다.

"서진아, 생각할 시간을 줄게."

    아빠는 재촉하지 않고 기다려 주었습니다. 아빠가 기다려 주니까 서진이 마음이 편안해졌습니다. 그래서 말할 수 있을 것 같았습니다.

    아빠는 엄마와 달랐습니다. 엄마는 묻는 말에 빨리빨리 대답하라고 재촉하는 일이 많아서, 서진이는 하고 싶은 말을 꿀꺽 삼키곤 했습니다.

    "아빠, 발표는 정말 하고 싶은데 제가 말하는 게 틀릴까 봐 겁나서 못 하겠어."

    서진이는 엄마한테 했던 말을 그대로 털어놓았습니다.

    "또 뭐가 힘든지 말해 봐."

    아빠가 따뜻한 표정으로 물었습니다.

    "뭐든지 씩씩하게 잘하는 정수가 부러워. 정수처럼 용기 있는 아이가 되고 싶어."

    이 말은 아빠한테만 솔직하게 털어놓았습니다. 그러고는 정수가 줄넘기할 때 발을 걸어서 넘어뜨린 얘기도 했습니다.

    "정수한테 사과했니?"

    아빠는 누나랑 같은 말을 했습니다. 그런 행동은 용기 있는 게 아니라고 했습니다. 그러고는 정수한테 사과하는 게 바로 용기 있는 것이라고 가르쳐 주었습니다.

"거짓말을 해서 탄로 나는 건 창피한 일이지만, 솔직하게 표현하는 건 틀린 말일지라도 부끄러운 게 아니야."

아빠는 서진이 어깨에 손을 얹었습니다.

"서진아, 잠깐 의자에 앉아서 쉬었다 가자."

아빠는 나무 그늘 아래에 있는 의자를 가리키며 말했습니다.

"서진아, 사실은 아빠도 어릴 때 우리 서진이처럼 겁도 많고, 발표하는 것도 아예 못 했어."

"정말?"

서진이는 아빠 말에 깜짝 놀랐습니다.

"그래서 정수 같은 친구를 보면 아빠도 되게 부러웠단다."

아빠가 초등학교 다닐 때 서진이처럼 똑같았다니, 믿어지지 않았습니다.

"친구한테 잘못한 일이 있었지만 사과하는 게 부끄러워서 말조차 꺼내지 못했단다. 많이 노력해서 지금 아빠의 모습으로 달라진 거야."

"정말? 지금은 아빠가 앞장서서 하는 봉사 활동이 많잖아?"

서진이는 지금의 아빠 모습 말고는 상상이 안 되었습니다.

"마음속으로는 봉사를 하고 싶은데 선뜻 다가가서 말할 용기가 없을 만큼 소심했단다. 어쩌면 서진이 네가 아빠를 닮은 건지도 모르겠구나."

솔직하게 말해 주는 아빠를 보면서 서진이는 왠지 뭉클했습니다. 순간 서진이 마음속에서 용기가 몽글몽글 솟았습니다. 내일 정수를 만나면 사과할 수 있을 것 같았습니다.

"서진아, 아빠가 하는 봉사 활동에 같이 참여해 볼래?"

"그건……."

갑작스런 제안에 서진이는 머뭇거리며 대답을 못 했습니다.

"잘 생각해 보고 말해 주렴."

아빠는 당장 대답하지 않아도 된다고 했습니다. 그러고는 어떤 일을 앞에 두고 결정해야 될 때, 두려움을 이겨 내고 첫발을 내딛는 순간에 용기가 필요하다고 말해 주었습니다.

월요일이 되었습니다.

아이들은 체육 시간 시작종도 안 울렸는데 벌써 운동장으로 나가기 시작했습니다.

서희가 정수한테 다가가려고 할 때 서진이가 서희를 못 가게 잡았습니다.

"나랑 같이 가!"

"넌 어차피 체육 안 할 거잖아."

"오늘은 체육 할 거야."

서희는 서진이 말을 무시한 채 뛰어나갔습니다. 서진이도 득달

같이 따라 나갔습니다.

아이들은 모두 줄넘기를 들고 선생님 앞에 서 있었습니다. 서진이는 서희 옆에 딱 붙어서 떨어지지 않았습니다.

"선생님, 정수는 줄넘기도 되게 잘해요."

서희가 크게 말했습니다.

"그래?"

선생님 눈이 똥그래졌습니다.

"선생님, 정수부터 해 보라고 해요."

아이들이 한목소리로 말했습니다.

"그럴까?"

선생님이 정수를 불렀습니다. 정수는 목발을 땅에 놓고 자신 있는 얼굴로 줄넘기를 시작했습니다.

"하나, 둘, 셋……, 서른하나, 서른둘…….."

아이들이 목청껏 크게 개수를 세었습니다.

줄넘기 줄이 머리 위로 씽씽 소리를 내면서 넘어갔습니다. 아이들이 "와, 와아!" 하면서 소리쳤습니다.

"정수야, 정말 대단하구나."

선생님이 정수를 칭찬해 주었습니다.

"정수랑 시합하고 싶은 사람?"

"저요!"

선생님 말에 서희가 제일 먼저 손을 들었습니다. 손을 든 아이들이 서로 먼저 시켜 달라고 아우성을 쳤습니다.

"선생님, 전 서진이랑 하고 싶어요."

그런데 정수는 서진이를 꼽았습니다.

"서진이는 체육 못 해."

"맞아."

아이들이 이어서 말했습니다.

"아니야, 서진이도 손 들었어."

정수가 말했습니다.

"정말?"

서희가 놀라 물었습니다. 아이들도 믿을 수 없다는 눈빛으로 서진이를 보았습니다.

"서진아, 한번 해 볼래?"

선생님이 서진이 어깨에 손을 얹으며 물었습니다. 서진이는 줄넘기를 만지작만지작하고 있었습니다.

"서진아, 하자."

정수가 서진이 팔을 끌었습니다. 서진이는 쭈뼛거리더니 줄넘기 손잡이를 양손으로 슬며시 잡았습니다.
"그래, 해 보자."

선생님이 "파이팅!" 하면서 활짝 웃었습니다.

"선생님, 서진이는 우리 엄마가 보고 있을 때만 잘한단 말예요. 서진이 대신 제가 할게요."

서희가 서진이를 옆으로 밀면서 나섰습니다. 아이들은 숨을 죽인 채 서진이를 지켜보았습니다.

"나 할 거란 말이야."

서진이가 서희를 떠밀었습니다.

"그것 봐. 서진이가 한다잖니."

선생님이 서진이 팔을 잡으면서 웃었습니다. 아이들이 모두 놀라며 서진이를 지켜보았습니다. 서진이의 이런 모습은 처음이었거든요.

"자, 그럼 시작한다. 시작!"

선생님 말이 떨어지자, 아이들이 숫자를 세기 시작했습니다. 정수는 금방 줄넘기를 하고 난 뒤라 그런지 숨을 헐떡였습니다.

"선생님, 더 이상 못 하겠어요."

정수가 줄넘기를 하다 멈췄습니다. 그런데 서진이는 멈추지 않고 계속했습니다. 엄마 앞에서 할 때처럼 잘했습니다. 백 번이 지나자 아이들은 세던 걸 그만두었습니다.

뜻밖의 서진이 모습에 서희도 어리둥절했습니다.

"와, 서진이 줄넘기 되게 잘한다."

"서진이도 정수처럼 잘한다."

아이들이 신기하다는 듯이 서진이를 구경했습니다.

그때 서진이가 줄에 걸려 넘어졌습니다. 서희는 자기도 모르게 서진이를 붙잡아 주었습니다.

"선생님, 서진이 손에서 피나요."

서희가 걱정스럽게 말했습니다.

"어디 봐. 살짝 벗겨졌네. 어서 보건실에 데려가서 약 발라 달라고 해."

"빨리 보건실 가자."

서희가 서진이 손을 잡았습니다.

"에이, 약 안 발라도 되겠다."

정수가 다가와 별것 아니라는 듯이 말했습니다.

"맞아, 괜찮아. 안 갈래."

서진이는 정수 눈치를 보더니 얼른 눈물을 훔쳐 냈습니다.

"서진이가 줄넘기도 잘하고, 넘어졌는데 울지도 않고, 오늘은 아주 씩씩하네."

"선생님, 서진이도 드디어 용기가 생겼나 봐요."

선생님과 아이들이 하는 말에 서진이 코가 벌름거렸습니다.

"서진아, 정수 넘어뜨린 거 미안하다고 말해."

서희는 쉬는 시간에 서진이한테 말했습니다. 친구한테 잘못한 일이 있을 때 솔직하게 인정하는 것도 용기라고 덧붙였습니다.

"알았어. 할 거야."

서진이는 대답을 해 놓고 뜸 들였습니다. 사실 학교에 오자마자 사과를 하려고 정수한테 다가갔습니다. 하지만 왠지 부끄러워서 쉽게 말을 꺼낼 수가 없었습니다.

'정수야, 미안해.' 그 말이 목까지 올라왔다가 다시 쏙 들어가 버렸습니다. 주말에 아빠와 산책할 때 다짐했던 용기가 다시 기어 들어가는 느낌이었습니다.

하지만 서진이는 사과를 꼭 하기로 다시 마음먹었습니다. 정수가 줄넘기 상대를 서진이로 뽑아 준 것에도 고마움을 표하고 싶었습니다. 서진이에게 힘을 실어 주려고 그랬다는 걸 알 수 있었습니다.

서진이는 쉬는 종이 울리자마자 정수에게로 다가갔습니다.

"정수야, 지난번에 너 발 걸은 거 내가 잘못했어."

서진이는 솔직한 마음을 담아 사과했습니다.

"에이, 괜찮아."

정수가 큰 목소리로 말했습니다.

서진이를 향해 서희가 엄지를 세웠습니다. 이렇게 서진이가 용기를 내니, 매우 멋져 보였습니다.

수업이 다 끝나고 이제 집에 갈 시간입니다.

"서진아, 오늘 너 줄넘기한 거 엄마랑 아빠한테 내가 다 말할게.

네가 정수한테 사과한 것도 말할게."

서희 말에 서진이가 고개를 끄덕였습니다.

서희와 서진이가 집에 들어서자마자 엄마가 반겼습니다.

"얘들아, 우리 아빠가 하는 봉사 활동 같이 할래? 희망의 운동화 그리기 봉사 활동인데, 흰 운동화에 그림을 그리는 거래."

엄마가 다짜고짜 말했습니다.

자원 봉사단에서 그림 그릴 운동화를 주면, 희망의 메시지를 담은 그림을 그려서 라오스 초등학생들에게 선물하는 활동이라고 했습니다. 아마도 아빠가 산책하는 날 서진이한테 했던 말을 엄마한테 한 것 같았습니다.

"나는 무조건 갈래."

서희가 고민도 없이 대답했습니다.

"그럼 나도 따라갈래."

서진이도 마음을 결정했습니다.

"좋았어!"

엄마가 엄지를 세우며 기뻐했습니다.

만일 나라면?

거짓말을 하고 나서 솔직하게 말할 때 난 엄청 떨리더라.

난 잘 못하는 일을 해야 할 때 떨려. 하기도 싫고.

난 친구와 다투고 나서 화해하려고 할 때 용기 내기가 어렵더라고.

솔직해지는 게 참 어려운 일인가 봐.

 길을 가다가 모르는 어린이가 누군가에게 괴롭힘을 당하고 있는 장면을 보았다면, 여러분은 용기 내어 신고를 하거나 도와줄 수 있을까?

그렇다

아니다

 여러분이 고른 답과 그 이유에 대해서도 써 보렴.

나는 _____ 이다.

내가 그렇게 생각한 이유는 _____

_____

_____ 때문이다.

용기 있는 역사 속 인물 소개하기

여러분은 용기 있게 행동한 역사 속 인물을 얼마나 알고 있나요?
여러 자료를 찾아 '용기 신문'을 만들어 보아요.

준비물
컴퓨터, 풀, 가위, 테이프, 색깔 펜

만드는 방법

❶ '용기'라는 키워드로 역사 속 인물을 검색해 보렴.
❷ 집에 있는 책 중에서 용기 있게 행동한 인물을 찾아볼 수도 있어.
❸ 사진을 휴대 전화로 찍은 다음 출력하거나 인터넷에서 내려받아 출력해.
❹ 인물마다 정보를 정리해서 기사 형식으로 써 보는 거야.
❺ 어떤 부분이 용기 있는 행동이었는지 정리하는 것이 좋겠지?

내가 찾은 인물은 바로 에이브러햄 링컨! 노예 해방 선언을 했고, 분열된 미국을 통일시킨 대통령이지!

용기 신문   0000

용기 있는 역사 속 _____ 을 소개합니다!

사진이나 그림을
그려 붙여 보세요.

내가 찾은 인물은...

_____
_____
_____
_____
_____
_____
_____
_____

200만 부 판매 돌파!

AI시대 미래 토론

✅ 뭉치북스가 만든 국내 최초 토론책!   ✅ 초등 국어
✅ 한국디베이트협회와

01 함께 사는 로봇	12 과학 Cook! 문화 Cook! 음식의 세계	23 생태계의 파괴자? 외래 동식물	33 얼마나 작아질까? 어디까지 발달할까? 나노 기술과 첨단 세계
02 원시인도 모르는 공룡	13 과학을 훔친 수상한 명화관	24 꽐꽐꽐~ STOP!!! 우리나라도 위험해요, 소중한 물	34 찾아라! 생명체가 살 수 있는 또 다른 별, 제2의 지구
03 더 멀리 더 높이 더 빨리 스포츠 과학	14 끝없이 진화하는 무서운 전염병	25 오늘도 나쁨! 작아서 더 무서운 미세먼지	35 배울수록 더 강해지는 인공 지능
04 까만 우주 속 작은 별	15 지구 온난화와 탄소배출권	26 식량 위기에서 인류를 구할 미래 식량	36 창조론이냐? 진화론이냐? 다윈이 들려주는 진짜진짜 진화론
05 노벨도 깜짝 놀란 노벨상	16 먹을까? 말까? 먹거리 X파일	27 썩지 않는 플라스틱! 지구와 인간을 병들게 하는 환경 호르몬	37 모두모두 소중한 생명! 멈춰요 동물 실험
06 지켜라! 멸종 위기의 동식물	17 우리 몸을 흐르는 피와 혈액형	28 나와 똑같은 또 다른 나, 인간 복제	38 유해할까? 유용할까? 생활 속 화학 물질
07 도로시의 과학 수사대	18 진짜? 가짜? 가상현실과 증강현실	29 미래의 디지털 첨단 의료	39 46억 년의 비밀, 생명을 살리는 지구
08 살아 있는 백두산	19 두근두근 신비한 우리 몸속 탐험	30 땅속 보물을 찾아라! 지하자원과 희토류	40 과학자가 가져야 할 덕목, 과학자 윤리와 책임
09 콜록콜록! 오늘의 황사 뉴스	20 우리를 위협하는 자연재해	31 농사일부터 우주 탐사까지, 미래는 드론 시대	
10 엇 이런 발명품, 왜 저런 발명품	21 봄? 가을? 경계가 모호해지는 사계절	32 알쏭달쏭 미지의 세계, 뇌	
11 아낄수록 밝아지는 에너지	22 세균과 바이러스 꼼짝 마! 약과 백신		

경기도 사서협의회 추천도서 · 한국교육문화원 추천도서 · 아침독서 추천도서

100만 부 판매 돌파!

수학이 쉬워지고, 명작보다 재미있는
뭉치수학왕

정부 기관 선정 우수 도서상을 많이 수상한 믿을 수 있는 시리즈

뭉치 수학왕 시리즈는 미래의 인재로 키워 줌

"인공지능(AI) 시대의 힘은 수학에서 나온다!"

개념 수학

〈수와 연산〉
1. 양치기 소년은 연산을 못한대
2. 견우와 직녀가 분수 때문에 싸웠대
3. 가우스, 동화 나라의 사라진 0을 찾아라
4. 가우스는 소수 대결로 마녀들을 물리쳤어
5. 앨런, 분수와 소수로 악당 히들러를 쫓아내라
6. 약수와 배수로 유령 선장을 이긴 15소년

〈도형〉
7. 헨젤과 그레텔은 도형이 너무 어려워
8. 오일러와 피노키오는 도형 춤 대회 1등을 했어
9. 오일러, 오즈의 입체도형 마법사를 찾아라
10. 유클리드, 플라톤의 진리를 찾아 도형 왕국을 구하라
11. 입체도형으로 수학왕이 된 앨리스

〈측정〉
12. 쉿! 신데렐라는 시계를 못 본대

13. 알쏭달쏭 알라딘은 단위가 헷갈려
14. 아르키는 어림하기로 걸리버 아저씨를 구했어
15. 원주율로 떠나는 오디세우스의 수학 모험

〈규칙성〉
16. 떡장수 할머니와 호랑이는 구구단을 몰라
17. 페르마, 수리수리 규칙을 찾아라
18. 피보나치, 수를 배열해 비밀의 방을 탈출하라
19. 비례배분으로 보물섬을 발견한 해적 실버

〈자료와 가능성〉
20. 아기 염소는 경우의 수로 늑대를 이겼어
21. 파스칼은 통계 정리로 나쁜 왕을 혼내 줬어
22. 로미오와 줄리엣이 첫눈에 반할 확률은?

〈문장제〉
23. 개념 수학―백점 맞는 수학 문장제①
24. 개념 수학―백점 맞는 수학 문장제②
25. 개념 수학―백점 맞는 수학 문장제③

융합 수학

26. 쌍둥이 건물 속 대칭축을 찾아라(건축)
27. 열차와 배에서 배수와 약수를 찾아라(교통)
28. 스포츠 속 황금 각도를 찾아라(스포츠)
29. 옷과 음식에도 단위의 비밀이 있다고?(음식과 패션)
30. 꽃잎의 개수에 담긴 수열의 비밀(자연)

창의 사고 수학

31. 퍼즐탐정 쎌렁홈즈①―외계인 스콜피오스의 음모
32. 퍼즐탐정 쎌렁홈즈②―315일간의 우주여행
33. 퍼즐탐정 쎌렁홈즈③―뒤죽박죽 백설 공주 구출 작전
34. 퍼즐탐정 쎌렁홈즈④―'지지리 마란드라' 방학 숙제 대작전
35. 퍼즐탐정 쎌렁홈즈⑤―수학자 '더하길 모테'와 한판 승부

36. 퍼즐탐정 쎌렁홈즈⑥―설국언차 기관사 '어러도 달리능기라'
37. 퍼즐탐정 쎌렁홈즈⑦―해설 및 정답

수학 개념 사전

38. 수학 개념 사전①―수와 연산
39. 수학 개념 사전②―도형
40. 수학 개념 사전③―측정·규칙성·자료와 가능성

독후 활동지

본책 40권+독후 활동지 7권
정가 580,000원